Esperanza

Julie Murray

Abdo Kids Junior es una subdivisión de Abdo Kids
abdobooks.com

Abdo
NUESTRA PERSONALIDAD
Kids

abdobooks.com

Published by Abdo Kids, a division of ABDO, P.O. Box 398166, Minneapolis, Minnesota 55439.

Printed in the United States of America, North Mankato, Minnesota.

102020

012021

THIS BOOK CONTAINS RECYCLED MATERIALS

Spanish Translator: Maria Puchol

Photo Credits: Alamy, iStock, Shutterstock

Production Contributors: Teddy Borth, Jennie Forsberg, Grace Hansen

Design Contributors: Christina Doffing, Candice Keimig, Dorothy Toth

Library of Congress Control Number: 2020930724

Publisher's Cataloging-in-Publication Data

Names: Murray, Julie, author.

Title: Esperanza/ by Julie Murray

Other title: Hope. Spanish.

Description: Minneapolis, Minnesota: Abdo Kids, 2021. | Series: Nuestra personalidad | Includes online resources and index.

Identifiers: ISBN 9781098204075 (lib.bdg.) | ISBN 9781098205058 (ebook)

Subjects: LCSH: Hope--Juvenile literature. | Optimism--Juvenile literature. | Feelings--Juvenile literature. | Ethics--Juvenile literature. | Spanish language materials--Juvenile literature.

Classification: DDC 179.9--dc23

Contenido

Esperanza

La esperanza es creer en algo.

La esperanza es querer que algo ocurra o sea verdad.

Doug va a una escuela nueva. Espera hacer algún amigo nuevo.

Rico se prepara para su partido. Espera ganar.

El padre de Claire está enfermo.

Ella espera que se sienta mejor.

Milo estudia para un examen.

Espera hacerlo bien.

Emma ve las noticias. Espera que haya **paz mundial**.

Teresa quiere un perro.

Espera **adoptar** uno.

¿Qué esperanzas tienes tú?

Cosas por las que la gente tiene esperanza

ganar un partido

hacer amigos nuevos

que alguien enfermo se mejore

que haya paz en el mundo

Glosario

adoptar
aceptar a un animal como mascota.

paz mundial
sentimiento ideolóigico de libertad, paz y felicidad entre las naciones y la gente.

Índice